SYMBOLES ASIATIQUES

TROUVÉS A ANTINOË (ÉGYPTE)

PAR

E. GUIMET

Tirage à part des *Annales du Musée Guimet*, in-4°. — TOME XXX, 3ᵉ PARTIE

PARIS
ERNEST LEROUX, ÉDITEUR
28, RUE BONAPARTE, VIᵉ

1903

SYMBOLES ASIATIQUES
Trouvés a Antinoë (Égypte)

CHALON-SUR-SAONE
IMPRIMERIE FRANÇAISE ET ORIENTALE E. BERTRAND
5, rue des Tonneliers

SYMBOLES ASIATIQUES

TROUVÉS A ANTINOË (ÉGYPTE)

PAR

E. GUIMET

Tirage à part des *Annales du Musée Guimet*, in-4°. — Tome XXX. 3e Partie

PARIS
ERNEST LEROUX, ÉDITEUR
28, RUE BONAPARTE, VIe
—
1903

SYMBOLES ASIATIQUES

Trouvés a ANTINOË (Égypte)

Depuis sept ans que M. Gayet explore le territoire d'Antinoë, les documents sur la vie des Égyptiens du II° au V° siècle nous ont été fournis avec une abondance extraordinaire.

De nombreuses nécropoles ont été fouillées ; et, que les cadavres exhumés aient été embaumés, goudronnés ou simplement desséchés par le temps, tous amenaient avec eux des témoins de leur existence.

On avait pieusement placé à côté des défunts leurs objets familiers ; des papyrus reproduisaient des actes de vente, des testaments ; la plupart des corps étaient richement vêtus et enveloppés dans de somptueux linceuls ; on avait peint sur les cartonnages, tissé sur les vêtements, brodé sur les étoffes, les attributs religieux, les symboles mystiques qui devaient assurer à l'âme une vie d'outre-tombe heureuse et extatique ; parfois le portrait du trépassé était moulé en plâtre colorié, ou enluminé sur de la toile stuquée ; si bien que ce sont les morts qui nous racontent l'histoire des vivants et nous donnent sur l'art, l'industrie, les connaissances scientifiques, les mœurs et les croyances des gens d'Antinoë, des détails tellement précis que nous avons l'illusion de vivre de leur vie.

Grâce à ces indications fournies par les tombeaux, nous pouvons avoir une idée exacte des cultes que pratiquaient les habitants de la ville Hadrienne. Le paganisme et le christianisme s'y coudoient avec une tolérance singulière. Le christianisme de cette époque, nous le connaissons par les Vies des moines trouvées sur les papyrus coptes et auxquelles les traductions récentes de M. Amélineau ont donné une notoriété scientifique. Le paganisme, lui, n'est pas ce qu'on pourrait attendre d'une croyance adoptée par des gens qui vivaient en plein souvenir des antiques divinités égyptiennes.

Cette formidable religion de l'Égypte que les siècles avaient formée, compliquée, fixée, a disparu. Au contact des philosophies nouvelles, elle s'est désagrégée, s'est effondrée, comme ces monuments de Karnak que le salpêtre imprègne, ronge et fait s'écrouler. Les païens d'Antinoë ne sont pas des sectateurs d'Osiris, des dévots d'Amon ou de Phtah ; ce sont des Grecs et des Romains qui ont apporté leurs dieux romains et grecs. Il y a bien un semblant d'assimilation avec les vieilles divinités locales, mais les petites figurines en terre cuite que nous trouvons dans les tombes sont bien des idoles de l'Europe, accommodées, il est vrai, au goût égyptien, grâce à quelques attributs surajoutés. Même les Isis, les Horus, les Anubis ne sont pas façonnés d'après les types archaïques des bords du Nil ; ils se présentent sous les formes spéciales que leur ont données les isiaques de Rome.

Cette suppression des croyances anciennes surprend d'autant plus qu'il s'agit des rites funéraires et que le culte des morts a été le fond presque unique des dogmes égyptiens. Mais les nouveaux venus avaient d'autres aspirations spiritualistes que la vie future du défunt dans l'Amenti d'Abydos, enfer plein de dangers, de pièges, de surprises ; champs-élysées où il fallait pendant des siècles, cultiver la terre, voyager en barque d'hypogées en hypogées, chanter continuellement, sans repos, les textes interminables du rituel des morts, avec la crainte apeurante de se tromper d'un mot, de se tromper d'une note et de compromettre à tout jamais son éternité.

Et le rôle mesquin de l'esprit du cadavre, du *double* égoïste et gourmand, devait être repoussé avec dégoût par ces lettrés qui avaient lu Platon.

Mais les Égyptiens, dira-t-on, avaient-ils oublié les dieux des ancêtres ? avaient-ils perdu leur foi en se grécisant ? Une explication est possible :

La religion encombrante de l'Égypte était une croyance pour souverains et grands dignitaires; le luxe des temples et des fastueux tombeaux n'était abordable que pour les riches de la terre d'Égypte; la multiplicité des dogmes ne pouvait être acceptée et comprise que par les scribes prêtres, et tous les grands seigneurs étaient prêtres et scribes.

Le peuple, que croyait-il ? Quels actes religieux accomplissait-il ? C'est à peine si nous le savons ; ses superstitions étaient en surface, sans pénétration dans les transcendances que détenaient seuls les hommes des temples, dont les sanctuaires étaient fermés à la foule.

L'Empire romain, en envoyant en Égypte ses proconsuls, ses généraux, ses employés administratifs, avait décapité le pays de son aristocratie sacerdotale. Le culte sombra, parce qu'il n'était plus utile à personne. Les fellahs s'en étaient toujours passés et les scribes tournèrent leurs regards vers des avenirs plus réconfortants. Aussi, pas une seule fois nous n'avons trouvé le nom d'Osiris, le dieu des morts, ni son image. Et pourtant à cette époque, son culte était répandu dans toute l'Europe et dans le nord de l'Afrique. Peut-être si M. Gayet traversait le Nil et s'il faisait des recherches à Aschmounein, il trouverait autour des temples ptolémaïques, qui étaient encore debout à l'arrivée des Arabes, les traces de la survivance maladive des croyances égyptiennes. N'oublions pas, en effet, qu'Antinoë était une ville moderne peuplée de colons européens.

Quoi qu'il en soit, les nécropoles dont nous nous occupons ne nous présentent que des isiaques d'importation.

Prenons pour exemple la tombe de Léoukaionia. C'était une grande dame de l'école de Sabine et de Domna, avide de métaphysiques et de philosophies, curieuse d'occultisme et de surnaturel, préoccupée d'être protégée par de nombreuses puissances divines, initiée aux joies de la vie future qu'Isis réserve à ses fidèles. C'était une dilettante en religions.

Dans les parois de son tombeau on avait caché son laraire composé de douze figurines et d'un petit tabernacle en terre cuite. Le *naos* est vide, mais devant on a placé un petit Horus, le doigt sur la bouche, assis comme un Bouddha sur la fleur de lotus. Des amulettes en pâte bleue représentent des divinités secondaires de l'Olympe égyptien. Quinze têtes de poupées, dont le rôle religieux est encore à déterminer, forment comme un collier de modèles de coiffures, elles n'ont pas d'attributs symboliques, à part une. Enfin, le corps desséché en momie blanche a des vêtements cossus. La tête est couronnée de feuilles de citronnier.

Je passe d'autres détails et j'arrive à ce fait que le bonnet tout neuf en dentelle de laine qui ornait sa tête était accompagné de cinq autres bonnets semblables, mais de couleurs variées. Dans les tombes de la XIIe dynastie, découvertes dans les hypogées de la montagne voisine, on avait mis avec les défunts des sandales de rechange et des bâtons de main : on supposait que les malheureux forcés de parcourir sans trêve les champs de l'Amenti, pour arriver à la résurrection finale, pouvaient briser leurs cannes et user leurs chaussures. Nous avons dit que les païens d'Antinoë ne connaissaient pas ces cycles pénibles ; en mourant, ils aspiraient au repos ; la tête placée sur les coussins usera peut-être les coiffures et, comme le bonheur final consistera à contempler Dieu, un peu de toilette ne messiéra pas. Voilà sans doute pourquoi Léoukaionia avait tant de bonnets. C'est cette préoccupation de comparaître incessamment devant l'Éternel qui a fait parer avec luxe tous ces corps de femmes qu'on exhume avec leurs beaux habits, leurs soieries, leurs bijoux. Car pour bien comprendre quelles idéales jouissances attendaient les isiaques romains dans l'autre monde, il faut lire la description superbe que Plutarque donne du Paradis d'Isis[1].

C'est tout à fait le Paradis chrétien tel que l'ont compris les Pères de l'Église, plus relevé que celui que se figuraient les ascètes de la

---

1. *Plutarque et l'Égypte*. E. Guimet.

PL. I

Prêtre chrétien trouvé a Deïr el-Bahari

Pl. II

Suaire orné des deux svasticas opposés.

Pl. III

Feuille de « Ficus religiosa », arbre bouddhique

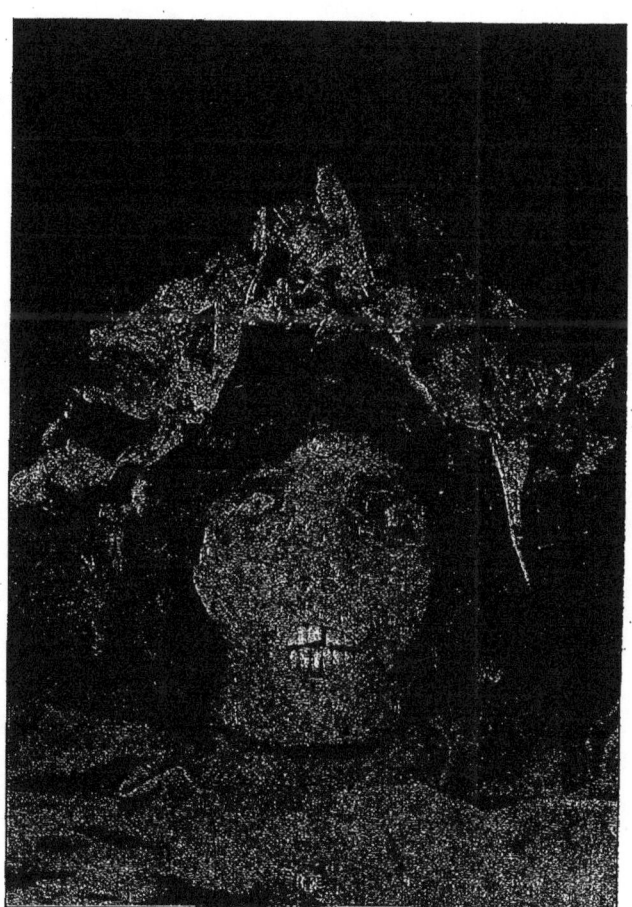

TÊTE DE LÉOUKAIONIA, LE FRONT ORNÉ DE LA PASTILLE D'OR

Chevaux ailés
(Soierie sassanide)

PL. VI

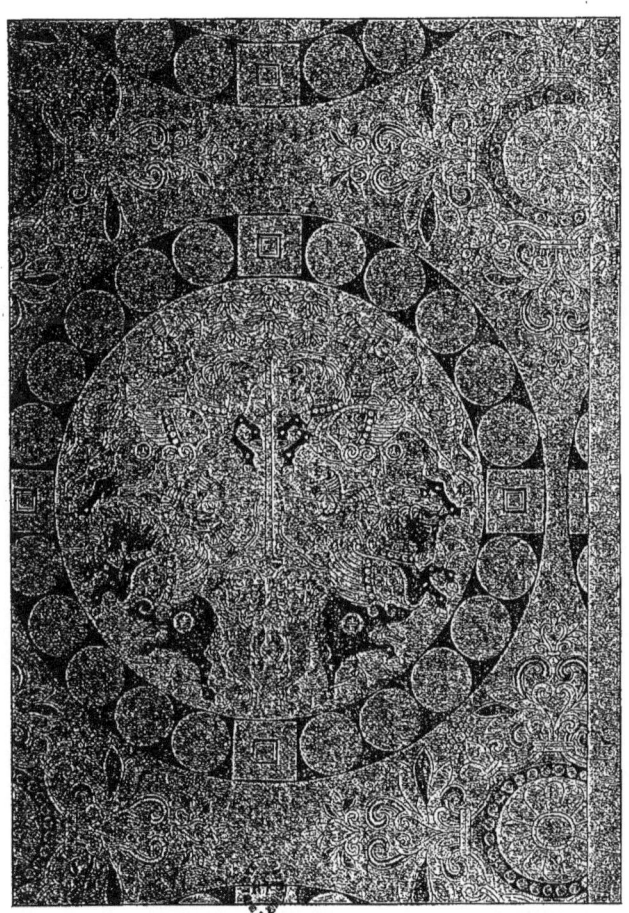

ÉTOFFE CONSERVÉE DANS LE TEMPLE DE NARA (JAPON)
SUJET SASSANIDE, ORNEMENTS BOUDDHIQUES CHINOIS

PL. VII

Prêtre asiatique portant des offrandes

Thébaïde. Ce ciel extatique raconté par Plutarque deux siècles avant Jésus-Christ est particulièrement spiritualiste, mieux que le ciel des Antoine et des Sérapion et, parmi ces croyants que nous trouvons juxtaposés dans les terrains explorés, ce sont peut-être les païens qui avaient eu les conceptions les plus élevées et les plus chrétiennes.

Où donc les isiaques du temps de Plutarque pouvaient-ils avoir emprunté leur Paradis idéal? L'avaient-ils inventé de toutes pièces? Cet éden céleste n'a pas été imaginé par les philosophes de la Grèce. Ni Aristote, ni Platon n'ont décrit aussi nettement un paradis. Ce n'est pas l'Amenti des Égyptiens, ni le Schéol des Hébreux, ni le Hara Barezaiti des Assyriens, ni les Champs-Élysées des Hellènes et des Latins. Mais c'est tout à fait le ciel bouddhique; non pas le Nirvana-Néant des sectes du Sud, mais le Nirvana-Extase que nous montrent les riches peintures du Tibet, de la Chine et du Japon; lieu de délices plein de fleurs et de clartés dorées où les Bouddha au repos sont dans la pleine contemplation réservée aux bienheureux.

Et les parents de Léoukaionia l'ont bien compris ainsi; ils connaissaient son état d'esprit, pour mieux dire, son état d'âme. Pour lui donner l'illusion des lumières supernaturelles, ils ont peint sur ses paupières closes des prunelles d'or, avec un point d'émail noir pour figurer la pupille; et, depuis seize cents ans, la morte regarde dans la nuit de son sépulcre, avec ces yeux extasiés; ils ont enfin collé au milieu du front la protubérance lumineuse qui caractérise les bouddhas parfaits, les êtres arrivés au summum et au terminus des existences (Pl. IV).

Nous trouvons donc dans ces faits la certitude d'une réminiscence bouddhique.

Les tombes chrétiennes nous fournissent des documents bouddhiques encore plus intéressants.

C'est d'abord la feuille du *Ficus religiosa*, l'arbre sacré sous lequel Sakkia-Mouni est devenu Bouddha. Une dame chrétienne, aux longs cheveux blonds descendant jusqu'aux genoux, couverte de feuilles de palmier, d'olivier et de plantes odorantes, munie d'une fort belle palette à prières, incrustée de nacre et d'ivoire, porte une écharpe sur laquelle on a brodé les feuilles mystiques de l'Inde, caractérisées par la pointe qui se termine en fil. Les dessins qui décorent cette feuille symbolique sont tout à fait indiens, et les ornemanistes y trouveraient facilement l'origine de ces palmes capricieuses que les tisseurs du Cachemir jettent à profusion sur leurs schals (Pl. III).

Et puis il y a les *svasticas* ou croix à crochets, attributs de lumière et de protection bien connus des indianistes. On pense que c'était la partie horizontale de l'outil en bois qui servait par le frottement à produire le feu ; fixée à la tige verticale, on la faisait tourner avec le doigt et la baguette appelée *pramatha*, frottant de sa pointe le creux d'une planche, donnait aux hommes le feu sacré. Les quatre branches orientées sur les points cardinaux attirent la protection des dieux quand les angles sont tournés à droite, et repoussent les influences des démons quand les crochets sont tournés à gauche. On les dessine de deux façons, soit par une simple croix aux branches recourbées, soit en traçant un carré sur lequel on figure quatre entailles.

Toutes ces manières de représenter les svasticas se trouvent dans les tombes des chrétiens de l'Égypte.

Un des meilleurs exemples est le portrait d'un prêtre de Déir el-Bahari que je dois à l'obligeance de M. Naville qui l'a découvert, et à la générosité de l'« Egypt Exploration Fund » qui me l'a donné. Dans ses mains sont représentés un calice à vin et des épis, « espèces » sous lesquelles Jésus apparaît, et sur sa robe sacerdotale toute blanche, à l'endroit du cœur, on a peint un carré brun avec quatre entailles qui en font un svastica destiné à attirer la présence des dieux (Pl. I).

Au-dessous du portrait sont figurés la barque d'Isis et les deux chacals noirs qui depuis plus de six mille ans gardent les tombes égyptiennes.

Pendant longtemps les stèles chrétiennes de ce pays auront des survivances des anciennes croyances, l'épervier mitré (Horus), le chacal (Anubis), ces assesseurs du juge des morts (Osiris), accompagneront les nouveaux convertis et surtout la croix ansée, le *hankh*, symbole d'éternité, sera assimilé au monogramme du Christ, et tout en conservant son sens d'immortalité, donnera le nom du Sauveur[1].

Nous nous demandions tout à l'heure ce qu'étaient devenus les adeptes de l'ancien Olympe de Memphis et de Thèbes, nous le voyons maintenant : ils se sont faits chrétiens, plus tard, ils seront coptes, conservant ainsi le nom de leur patrie, quelques mots de leur langue écrasée sous le grec officiel et quelques bribes de leur symbolisme hiéroglyphique.

Mais il y a eu une période de transition, un moment d'hésitation qui permit l'infiltration des idées indiennes. Sollicités par les Ptolémées d'abord, par les impératrices philosophes ensuite, les Djaïnas, les Bouddhistes, pas les Brahmans retenus par leurs castes, mais les prêtres des religions à missionnaires sont venus à coup sûr en Égypte, à Alexandrie, au moment où dans cette ville les chercheurs de croyances inédites ne savaient plus à quel Dieu se vouer.

Et un grand nombre des premiers chrétiens ont passé par le Bouddhisme, peut-être sans s'en rendre compte, mais les svasticas qu'ils vénèrent sont là pour nous l'affirmer.

Dans son testament, Aurélius Colluthus recommande qu'on le mette dans un beau linceul. On lui en donna deux. L'un est brodé de croix et de roses aux vives couleurs, l'autre est une ample couverture au tissu frisé avec, à chaque angle, un grand svastica de couleur violette ; dans le svastica on a inscrit la croix à crochets ; l'emblème est double[2].

Un défunt anonyme avait aussi une couverture frisée ornée des svasticas dextres et senestres à l'adresse des démons et des dieux

---

1. *Annales du Musée Guimet*, t. XXX, 2ᵉ part., pl. I.
2. *Ibid.*, pl. VII.

(Pl. II). Enfin beaucoup de petites lampes en terre cuite ont, dessiné en dessous, un svastica à crochets qui dans ce cas affirme bien sa signification lumineuse.

Je dois dire un mot des représentations symboliques données par de superbes soieries sassanides qui ornaient des caftans byzantins. Ces soieries ont dévoilé leur origine par l'art spécial qui a présidé à leur confection : les formules sont assyriennes ; des bouquetins, des chevaux ailés portent les riches harnachements sassanides qui caractérisent l'époque du roi Sapor. Ces étoffes étaient donc de deux ou trois siècles antérieures aux vêtements qu'elles paraient. La soie à ce moment devait être une rareté, et pour embellir les costumes des gens riches, on prenait des coupons anciens, venus d'Asie, et sans s'inquiéter des dessins, on en faisait des galons pour enjoliver les collets, les manches et cacher les coutures (Pl. V).

Des tissus analogues ont été trouvés dans les trésors d'un temple de Nara au Japon. Et cela nous apprend que nos soieries d'Antinoë ont été tissées en Chine d'après des dessins sassanides et que les artistes chinois ont conservé ces modèles pour en faire de luxueux brocarts destinés aux temples bouddhiques de la Chine et du Japon. Mais il est évident que le sens mystique de ces ornements n'avait aucune valeur aux yeux des gens qui s'en paraient en Égypte (Pl. VI).

Il faut signaler aussi une petite serviette d'autel, très endommagée où l'on voit un prêtre en robe à volants de style assyrien, présentant des offrandes, des fruits sans doute, sur un linge qui cache ses mains (Pl. VII).

Quand j'aurai parlé des arbres de vie flanqués de lions, sujet qui a persisté dans le catholicisme jusqu'au moyen âge, j'aurai à peu près décrit tout ce qui dans nos fouilles nous donne des reflets de l'Asie[1].

Ces documents ne sont pas très nombreux, mais ils existent, ils sont incontestables et il était intéressant d'essayer de les expliquer.

E. GUIMET.

---

1. *Annales du Musée Guimet*, t. XXX, 2ᵉ part., pl. XI.

CHALON-S-SAONE, IMPRIMERIE FRANÇAISE ET ORIENTALE E. BERTRAND

ERNEST LEROUX, ÉDITEUR
RUE BONAPARTE, 28

ANNALES DU MUSÉE GUIMET

I. MÉLANGES. — In-4°, 8 planches hors texte.................................... 15 fr.
II. MÉLANGES. — In-4°.. 15 fr.
III. LE BOUDDHISME AU TIBET, par Em. DE SCHLAGINTWEIT, traduit de l'anglais par L. DE MILLOUÉ. In-4°, 40 planches hors texte..................................... 20 fr.
IV. MÉLANGES. — In-4°, 11 planches hors texte................................. 15 fr.
V. FRAGMENTS DU KANDJOUR, traduits du tibétain, par L. FEER. In-4°........... 20 fr.
VI. LE LALITA-VISTARA, ou Développement des jeux, contenant l'histoire du Bouddha Çakya-Mouni, depuis sa naissance jusqu'à sa prédication. Première partie. Traduction française par Ph.-Ed. FOUCAUX, professeur au Collège de France. In-4°, planches.............. 15 fr.
VII. MÉLANGES. — In-4°, 6 planches hors texte................................. 20 fr.
VIII. LE YI-KING, ou Livre des Changements de la dynastie des Tscheou, traduit du chinois, avec les commentaires de Tsheng-Tsé et de Tshou-hi et des extraits des principaux commentateurs, par P.-L.-F. PHILASTRE. Première partie. In-4°.................................... 15 fr.
IX. LES HYPOGÉES ROYAUX DE THÈBES, par E. LEFÉBURE. — Première division : Le tombeau de Séti Ier, publié *in extenso* avec le concours de MM. U. BOURIANT, V. LORET et Ed. NAVILLE. In-4°, 130 planches hors texte... 75 fr.
X. MÉLANGES. — In-4°, illustré de dessins et de 24 planches................... 30 fr.
XI, XII. LA RELIGION POPULAIRE DES CHINOIS, par J.-J.-M. DE GROOT. — Les fêtes annuellement célébrées à Emoui (Amoy). Traduit du hollandais, par C.-G. CHAVANNES. Illustrations par F. Regamey et héliogravures. 2 vol. in-4°, 38 planches...................... 40 fr.
XIII. LE RAMAYANA, au point de vue religieux, philosophique et moral, par Ch. SCHOEBEL. 1 vol. in-4°.. 12 fr.
XIV. ESSAI SUR LE GNOSTICISME ÉGYPTIEN, ses développements, son origine égyptienne, par E. AMÉLINEAU. In-4°, planche.. 15 fr.
XV. SIAO-HIO, LA PETITE ÉTUDE ou MORALE DE LA JEUNESSE. avec le Commentaire de Tche-Siuen, traduit du chinois, par C. DE HARLEZ. In-4°, carte.................. 15 fr.
XVI. LES HYPOGÉES ROYAUX DE THÈBES, par E. LEFÉBURE. In-4°, en 2 fascicules avec planches.. 60 fr.
XVII. MONUMENTS POUR SERVIR A L'HISTOIRE DE L'ÉGYPTE CHRÉTIENNE au IV° siècle. Histoire de saint Pakhôme et de ses communautés. Documents coptes et arabes inédits, première partie. Texte et traduction française par E. AMÉLINEAU. In-4°..................... 60 fr.
XVIII. AVADANA ÇATAKA. Cent légendes bouddhiques, traduites du sanscrit par Léon FEER. In-4°.. 20 fr.
XIX. LE LALITA-VISTARA, ou Développement des jeux, ou Bouddha Çakya-Mouni, par Ph.-Ed. FOUCAUX, professeur au Collège de France.— Deuxième partie. Notes. Variantes et Index. In-4°.. 15 fr.
XX. TEXTES TAOISTES, traduits des originaux chinois et commentés par C. DE HARLEZ. 1 vol. in-4°.. 20 fr.
XXI, XXII, XXIV. LE ZEND-AVESTA. Traduction nouvelle, avec commentaire historique et philologique, par James DARMESTETER, professeur au Collège de France. 3 vol. in-4°...... 75 fr.
XXIII. LE YI-KING, ou Livre des changements de la dynastie des Tscheou, traduit du chinois, avec les commentaires, par P.-L.-F. PHILASTRE. Seconde partie. In-4°.................
XXV. MONUMENTS POUR SERVIR A L'HISTOIRE DE L'ÉGYPTE CHRÉTIENNE. Histoire des monastères de la Basse-Egypte. Vies de saint Paul, saint Antoine, saint Macaire, saints Maxime et Domèce, de Jean le Nain, etc. Deuxième partie. Texte et traduction française, par E. AMÉLINEAU. In-4°... 40 fr.
XXVI. I. LA CORÉE, ou Tchôsen (la Terre du Calme matinal), par le colonel CHAILLÉ LONG-BEY In-4°, figures et planches.. 3 fr. 50
  II. — GUIDE pour rendre propice l'Étoile qui garde chaque homme et pour connaître les destinées de l'année, traduit du coréen par HONG-TJYONG-OU et Henri CHEVALIER. In-4°...... 5 fr.
  III. — L'EXPLORATION DES RUINES D'ANTINOË et la découverte d'un Temple de Ramsès II enclos dans l'enceinte de la ville d'Hadrien. Par GAYET. In-4°, 25 planches. 15 fr.
  IV. — RECUEIL DE TALISMANS LAOTIENS publiés et décrits par P. LEFÈVRE-PONTALIS. In-4°, figures.. 7 fr. 50
XXVII. LE SIAM ANCIEN. Archéologie, Épigraphie, Géographie, par L. FOURNEREAU. Première partie. In-4° richement illustré et accompagné de 84 planches.................... 60 fr.
XXVIII, XXIX. HISTOIRE DE LA SÉPULTURE ET DES FUNÉRAILLES DANS L'ANCIENNE ÉGYPTE, par E. AMÉLINEAU. I et II. 2 tomes in-4° illustrés et accompagnés de 112 planches. 60 fr.
XXX. MÉLANGES. In-4°, figures dans le texte, 24 planches hors texte..................

CHALON-SUR-SAÔNE, IMPRIMERIE FRANÇAISE ET ORIENTALE DE E. BERTRAND

www.ingramcontent.com/pod-product-compliance
Lightning Source LLC
Chambersburg PA
CBHW060918050426
42453CB00010B/1792